MOSAIC

初めてでも編みやすい

ベルンド・ケストラーの
モザイク編み

JN027240

KNITTING

日本文芸社

Message

モザイク編み
2色の糸で生み出す美しいパターン

　モザイク編みは、2色の糸でパターンを作る簡単で素敵な編み方。表編みや裏編み、すべり目さえ編めれば、誰でもモザイク編みができます。もちろん、普段編み込みで模様編みを楽しんでいる人も、すぐにできます。

　モザイク編みは、新しいテクスチャーと美しいパターンを組み合わせる優れた方法で、アメリカのニットデザイナー、バーバラ・G.ウォーカーによって紹介され普及しました。
　彼女は、1976年に出版された著書『モザイク ニッティング』で初めてこのカラーワークテクニックについて説明しました。バーバラ・G.ウォーカーの革新的なアプローチは、すべり目を使って複雑なパターンを作成することにより、複数の色の糸を使用することなく、カラーニッティングを簡素化することを実現しました。

　彼女のモザイク編みのパターンチャートは、多くの国で標準となっています。この本でも同じ種類のチャートを使用しています。とてもわかりやすいと思いますが、日本のチャートとは少し違います。このチャートを基にした読み方がわかれば、モザイク編みの世界に足を踏み入れることができます。

　すでに素晴らしいパターンがたくさんありますが、独自のパターンを作ることも簡単にできます。オリジナルパターンを成功させるカギは、ステッチパターンと対照的な色を選択すること。特に正方形、三角形、ひし形などの単純な幾何学的形状は、このテクニックに適しています。
　また往復編みだけでなく、輪編みにも使えます。マフラー、帽子、ショール、セーター、スヌードなどは、モザイク編みで編むととても素敵に仕上がります。

　モザイク編みのメリットの1つが、寛容な性質といえるでしょう。　編み目のズレによりミスが目立ちにくくなります。これはカラーワークの初心者だけでなく、リラックスして楽しく編める方法を探している経験豊富なニッターにとっても優れたテクニックです。

　モザイク編みは、色とパターンを組み合わせるユニークな方法であり、魅力的なテクニックです。すべり目を駆使することで複雑なパターンが浮かび上がり、複数の糸を一列に管理するストレスを感じることなく、複雑な色使いの印象を与えます。初心者でも経験豊富なニッターでも、モザイク編みは新しい創造的な道を模索し、注目を集める素晴らしい作品を作るきっかけになるはず。
　さっそく針を手に取り、対照的な糸を2色選び、美しいパターンを生み出すモザイク編みの旅に乗り出しましょう。

ベルンド・ケストラー

Mosaic Knitting

The best kept secret to knit with color

Mosaic knitting is a wonderful and easy way of knitting with two colors. It is so easy that anyone can do it. Mosaic knitting only uses knit, purl and slipped stitches. If you can knit and purl, you can do mosaic knitting.

Mosaic knitting is a great way to add texture and beautiful patterns to your knitting projects. Mosaic knitting was popularized and introduced by the American knitting designer Barbara G. Walker. She first described this colorwork technique in her book "Mosaic Knitting" which was published in 1976. Barbara G. Walker's innovative approach simplified color knitting by using slipped stitches to create intricate patterns without the need to carry multiple colors of yarn in each row.

Her way of charting patterns for mosaic knitting became the standard in many countries. In my book I am using the same kind of charts. They are very easy to understand, but a little different from usual Japanese knitting instructions. Once you know how to read them, you are able to tap into the world of mosaic knitting. There are many wonderful patterns available, or you can create your own.

The key to successful mosaic knitting is the careful selection of stitch patterns and contrasting colors. Simple geometric shapes, like squares, triangles, and diamonds, work particularly well with this technique. It can be used to knit flat pieces, but also in the round. Scarfs, hats, shawls, sweaters or snoods are always looking wonderful with mosaic knitting.

One of the advantages of mosaic knitting is its forgiving nature. Mistakes are less noticeable due to the slipped stitches. This makes it a great technique for those new to colorwork, as well as experienced knitters looking for a relaxing and enjoyable project.

Mosaic knitting is a captivating technique that introduces a unique way to incorporate color and texture into your knitting projects. Through the strategic use of slipped stitches and alternating colors, intricate patterns emerge, giving the impression of intricate colorwork without the complexity of managing multiple yarns in a single row. Whether you're a novice or an experienced knitter, mosaic knitting offers an opportunity to explore new creative avenues and craft stunning pieces that are sure to turn heads. So, grab your needles, select some contrasting yarns, and embark on a mosaic knitting journey that will undoubtedly yield beautiful and rewarding results.

Contents

Chapter

1

モザイク編み 基本のメソッド　7

モザイク編み4つのポイント　8

Step1　モザイク編み　10
Step2　止める（表目の伏せ止め）　20
Step3　増し目　23

Chapter

2

モザイク編み 作品とパターン　33

A　段染め糸のマフラー　43
B　クロス模様のマフラー　43
C　バッグ　55
D　ハンドウォーマー　56
E　ネックウォーマー　65
F　三角ショール　68
G　三角ショール　70
H　三角ショール　70
I　ニット帽　75
J　ブランケット　86
K　クッション　90
L　タペストリー　92
M　アルファベットのガーランド　104

Chapter

3

How to make 107

A　段染め糸のマフラー　108

B　クロス模様のマフラー　109

C　バッグ　110

D　ハンドウォーマー　112

E　ネックウォーマー　111

F　三角ショール　114

G　三角ショール　116

H　三角ショール　118

I　ニット帽　120

J　ブランケット　122

K　クッション　121

L　タペストリー　124

M　アルファベットのガーランド　125

Message　2

「モザイク編み」を始める前に　6

オリジナルパターンを作ってみよう　126

◆ 印刷物のため、現物と色が異なる場合があります。 ご了承ください。

◆ 糸の表示内容は、2023年9月現在のものです。

「モザイク編み」を始める前に

本書のモザイク編みは、ガーター編みとすべり目の編み方を覚え、棒針（もしくは輪針）を揃えればOK。
手軽に始められるのもモザイク編みの魅力です。

使用する道具

モザイク編みは棒針と輪針を使います。目数が少ないときは短めの5本針などがあると便利。輪編みの場合は輪針を使います。針のサイズ（号数）は、使用する毛糸に合わせて選びます。

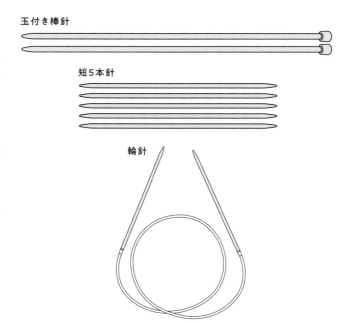

玉付き棒針

短5本針

輪針

玉付き棒針

長さ33cm程度。セーターなどの大物を編む際にも使う、一般的な棒針。

短5本針

長さ20cm程度。輪編みの際に使用する針。目数の少ない小物を編むときには長い針より使いやすい。
※16cm、25cm程度の針もあります。

輪針

棒針にコードがついたもの。針のサイズは棒針と同じ、コードの長さは40～100cmまで揃う。

使用する編み方

モザイク編みで使う編み方は「ガーター編み」と「すべり目」だけです。往復編みの場合は表編みのみ、輪編みの場合は偶数段が裏編みになります。

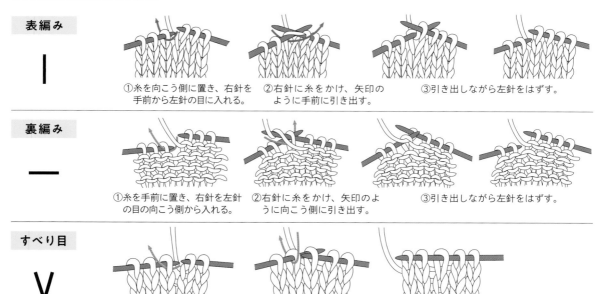

表編み			
|	①糸を向こう側に置き、右針を手前から左針の目に入れる。	②右針に糸をかけ、矢印のように手前に引き出す。	③引き出しながら左針をはずす。

裏編み			
—	①糸を手前に置き、右針を左針の目の向こう側から入れる。	②右針に糸をかけ、矢印のように向こう側に引き出す。	③引き出しながら左針をはずす。

すべり目		
V	①糸を向こう側に置き、左針の目に右針を入れる。	②編まずにそのまま右針に移す。	③次の目はふつうに編む。

MOSAIC KNITTING

Chapter

モザイク編み
基本のメソッド

モザイク編みとは、編み込まないで模様を作る編み方。本書ではガーター編みとすべり目だけで編む、基本のモザイク編みを紹介します。

モザイク編み  つのポイント

1 本書のモザイク編みは「ガーター編み」と「すべり目」だけ。

モザイク編みはガーター編み、メリヤス編み、裏編みのいずれかの編み方に「すべり目」をプラスして模様を作る編み方です。本書では全てガーター編み。編み図どおりの模様になるので、出来上がりがイメージしやすいのが魅力です。

<ガーター編みの場合>
基本形。編み図と同じ模様になる。

<メリヤス編みの場合>
模様が間延びして左右が丸まる。

<裏編みの場合>
ガーターより少し模様が縮まる。

2 A糸、B糸の2色で編む。

モザイク編みは2色の糸を使います。2段で1セットになるので、作り目（1段）と2段をA糸で編んだら3-4段はB糸で、5-6段はA糸で編みます。本書では、最初に使う糸をA糸、次に使う糸をB糸としています。

3 2色の糸は反対色がおすすめ。

2色の糸は、1色はベースになり、もう1色は模様になります。模様をはっきり出すには、濃い色の糸と薄い色の糸や、濃い色の糸同士の反対色を選ぶと、模様がより際立ちます。

右より左のほうが模様が目立つ。

4 白と黒だけのシンプルな編み図。

モザイク編みは2段で1セットになります。本書では編み図も2段分を1マスとし、編み記号もなく、白と黒のマス目だけのシンプルな形にしました。あらかじめ白マス部分を使用する糸の色で塗っておくと、編みやすくなります。

通常

6目32段1模様

拡大

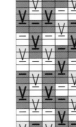

全段の記号を表記しているのでごちゃごちゃしていてわかりにくい。

本書では

6目32段1模様

図の1段（実際は2段分）を1セットとします。白マスをA糸、黒マスをB糸とすると、往復編みの場合、1（作り目）-2段目はA糸で表編み、3-4段目はB糸が表編み、A糸がすべり目になり、5-6段目はA糸が表編み、B糸がすべり目になります。段ごとにA糸とB糸の役割が逆になるということです。輪編みの場合は、奇数段が表編み、偶数段が裏編みになります。

■ = B糸
□ = A糸

拡大

1目めの糸（色）が常に表編みになる

往復編みは、両端に1目分の表編みをプラスすると編み地の丸まりを防ぐ。
輪編みは、両端のプラス1目は不要で赤い枠の模様を繰り返し編む

1マス（2段）で1セットなので、1段の右側に奇数段、左側に偶数段を表記

9

この編み図を参考に、モザイク編みの編み方（往復編み）を説明します。

※輪編みの場合は赤枠内の模様を繰り返します。

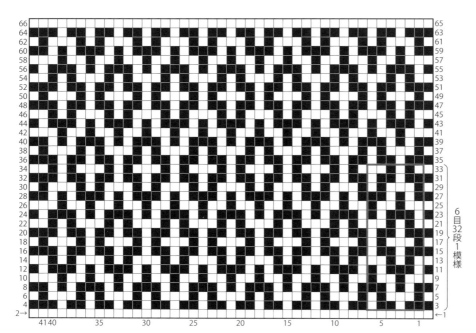

P.47
no.13

6目32段1模様

< 作り目：1段目 /A 糸 >

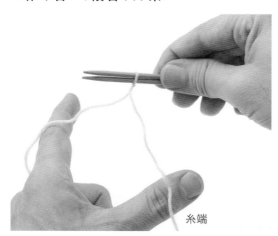

1
わを作り、針2本に入れる。糸端側を親指、毛糸玉側を人差し指に糸をかける。

糸端

2
残りの指で糸をにぎり、たるまないように親指と人差し指に糸をかける。

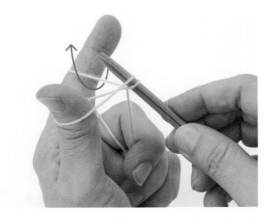

3 親指の手前側の糸に、下から針を入れる。人差し指側の手前の糸に、矢印のように針を入れる。

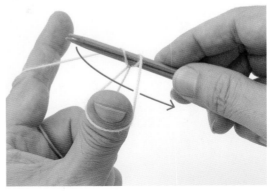

4 矢印のように、親指の輪に針を通す。

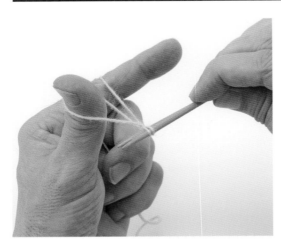

5 親指から糸を外す。

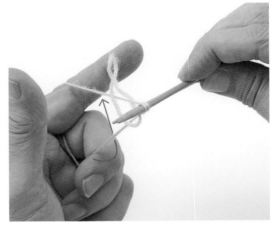

6 親指で矢印のように糸をかけ、1と同じように糸を持つ。

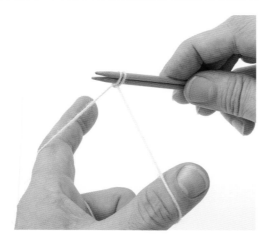

7

糸を引き、輪を引き締める。

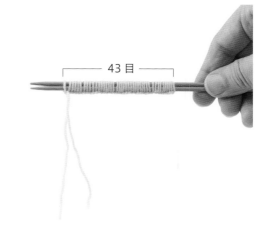

├── 43目 ──┤

8

2～7を繰り返し、作り目に必要な目数を作る。ここでは43目。

9

針を1本抜き、**作り目**の完成。
これが編み図の1段目になる。

<表編み：2段目／A糸> ⟶

1
....

作り目の針を左手に持ち、右手でもう1本の針を持つ。作り目の1目めに針を入れる。

2
....

糸の上から針をかける。

⟶

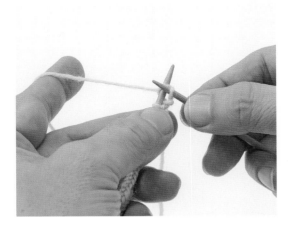

3
....

作り目の1目めに糸を引き出す。

4
....

左手の針にかかっている1目めの作り目を針から外す。**表編み**が1目編めたところ。

5 1 〜 4 を繰り返し、端の目まで表編みを編んだら 2 段目の完成。編み図では 1 マスが 2 段分なので、一番下の白いマスの段が編めたことになる。

6 針の向きを変える。

＜表編みとすべり目：3段目（表）／B 糸＞

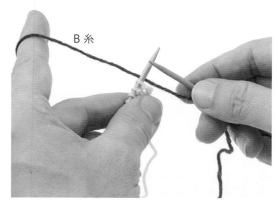

B 糸

7 3 段目を編む。B 糸を用意し、針の奥に置く。

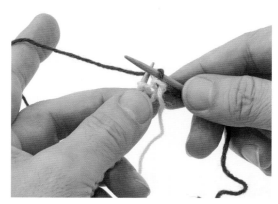

8 どの段も最初の目と最終目は表編みで編む。※往復編みの場合のみ

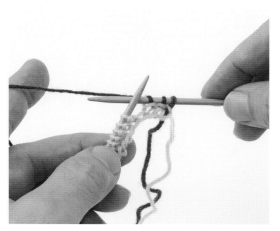

9

B 糸で編む段は、黒いマス（B 糸）が表編みになるので 1、2 目を表編みで編む。

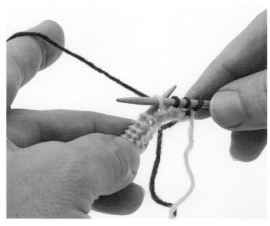

10

3 目めの白いマス（A 糸）になったら、針を右側から入れ、

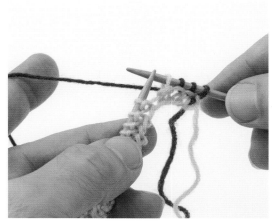

11

そのまま右の針に移す。**すべり目**が 1 目編めたところ。

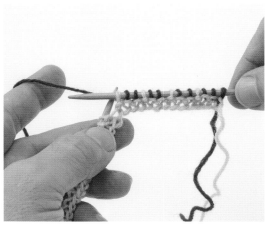

12

編み図を見ながら、黒いマスは表編み、白いマスはすべり目で編む。

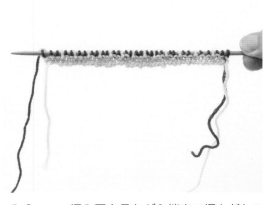

13 編み図を見ながら端まで編んだところ。

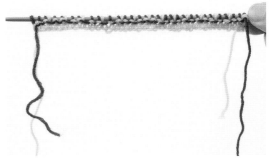

14 針の向きを変える。裏はこのようになる。

<表編みとすべり目：4段目（裏）／B糸> →

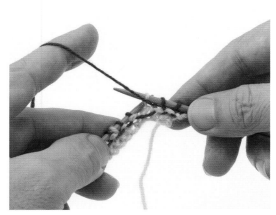

15 4段目を編む。引き続きB糸は表編みで編む。A糸になったらB糸を手前に置き、A糸の右側から針を入れる。

このとき、B糸がすべり目の手前にあることを確認しましょう

16 そのまま右の針に目を移す。すべり目が1目編めたところ。

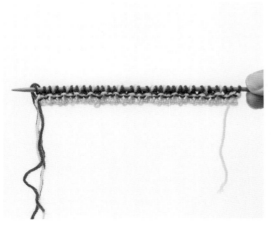

17 B糸は表編み、A糸はすべり目を繰り返し、端まで編む。裏はこの繰り返しなので、偶数段は編み図を見なくても編める。

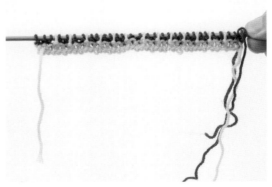

18 針の向きを変える。表はこのようになる。

<表編みとすべり目：5段目（表）/A糸> →

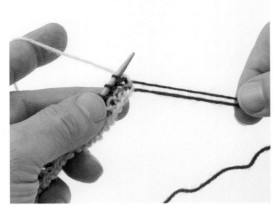

19 5段目はA糸で編む。端の目が緩みやすくなるので、編み始めは糸を引き締めながら編むと、端の目がきれいに揃う。

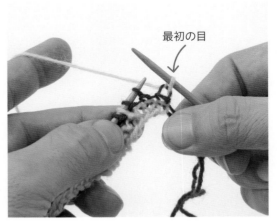

最初の目

20 5-6段目は3-4段目とは逆で、A糸が表編みで、B糸がすべり目になる。最初の目は表編みを編む。

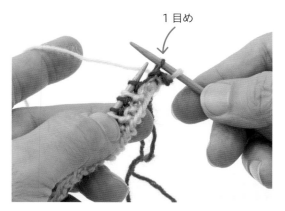

1 目め

21 1目めはすべり目を編む。

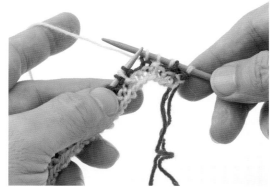

22 編み図のとおり、2〜4目は表編み、5目めはすべり目を編む。

23 編み図を見ながら、表編みとすべり目を繰り返す。

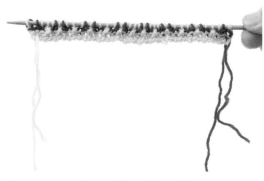

24 5段目の端まで編んだところ。

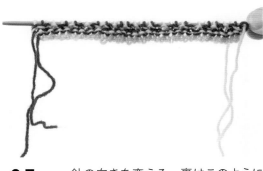

25 針の向きを変える。裏はこのように
なる。

26 6段目を編む。引き続きA糸は表編
みで編む。B糸の目になったらA糸
を手前に置き、B糸の右側から針を
入れ、すべり目を編む。

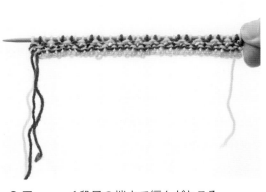

27 6段目の端まで編んだところ。

28 2段を1セットに、7-8段はB糸で
編み、9-10段はA糸で編むといっ
た具合に交互に編み進めると、編み
図と同じ模様になる。

Step 2 止める（表目の伏せ止め）

<表目／A糸> →

1 最初の2目を表編みで編む。

2 左針を右針の右の目に入れ、

→

3 左の目にかぶせる。

4 左針から目を外すと、1目伏せられた。

5

表編みを1目編む。

6

2 〜 4 を繰り返す。

7

同様に表編みを1目編み、**2 〜 4** を繰り返す。

8

ただし、最後の1目は表編みをしない。

9 左針を右針の目に入れ、

10 かぶせたら、右針に1目だけ残る。

11 糸を適当な長さにカットし、針で糸を引き抜く。

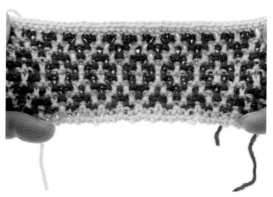

12 表目の伏せ止めの完成。

Step 3 増し目

＜三角ショール：作り目1段目／A 糸＞ ━━━━━━━━━━━━━━━━━━━━▶

1 短い棒針２本を用意する。奥の針に最初のわを入れる。
※ P.114 の編み図参照。ただし、作品とは色が異なるので注意しましょう。

2 P.10 の **2** と同じように、糸を持つ。

━━━━━━━━━━━━━━━━━━━━━━━━━━━▶

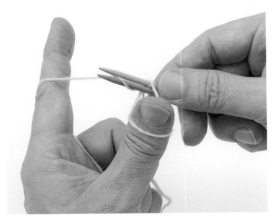

3 針１本ずつに作り目を編む。親指の手前側の糸に、手前の針を下から入れる。

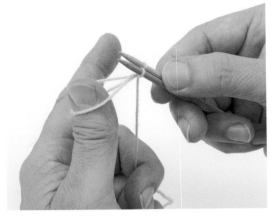

4 人差し指の手前側の糸に、上から針をかけ、親指の間に針をくぐらせる。

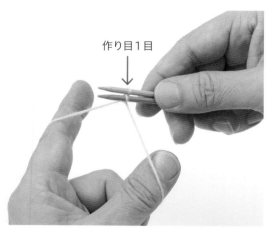

作り目1目

5

親指の糸を外し、糸を引き締める。
手前の針に作り目が1目編めたとこ
ろ。

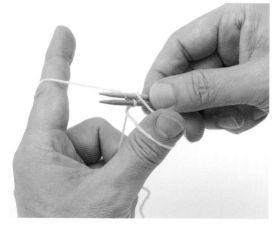

6

親指の手前側の糸に、奥の針を下か
ら入れる。

7

人差し指の手前側の糸に、上から針
をかけ、親指の間に針をくぐらせる。

8

2〜**5**を繰り返し、再び手前の針に
作り目を作る。

9

手前の針に2目、奥の針に2目の作り目が編めたところ。

10

これを後2回繰り返し、それぞれの針に3目ずつの作り目を作る。

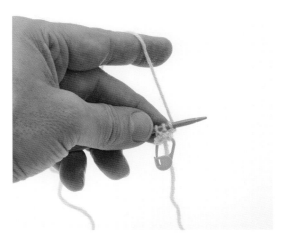

11

手前の針を抜き、段目リングに目を移す。

<三角ショール：作り目2段目/A糸> →

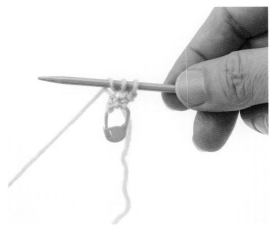

12

針の向きを変え、表編みを3目編む。

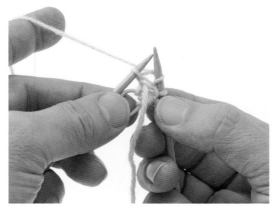

13 右針の3目めの横のループを左針で
拾う。

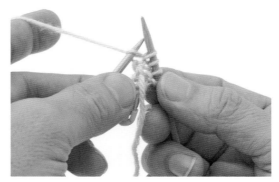

14 拾った目も表編みを編む。

15 1目増え、4目になったところ。

16 段目リングを外し、もう1本の針に
目を戻し、

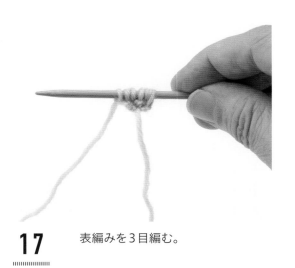

17 表編みを3目編む。

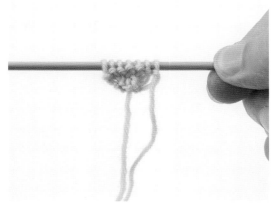

18 針の向きを変え、1段編む。目数は 7目になる。

<三角ショール：1段目／B糸> →

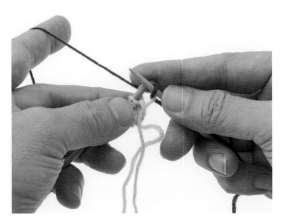

19 B糸を用意し、表編みを1目編む。

20 2目めも表編みで編む。

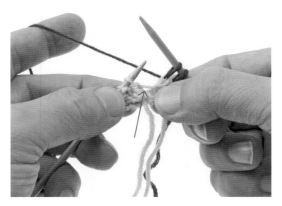

21
3目めは増し目をする。

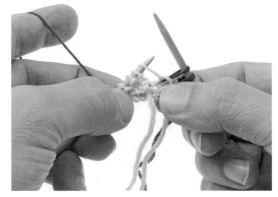

22
21 の矢印部分に左針を入れる。

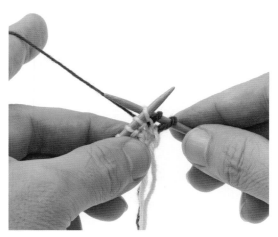

23
ねじり増し目で1目増やす。増やした目に右針を入れ、

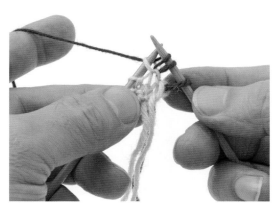

24
糸を引き出し、

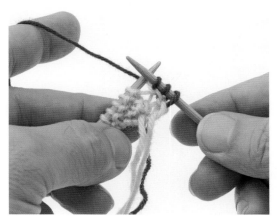

25 左針から目を外す。続けて表編みを
1目編む。

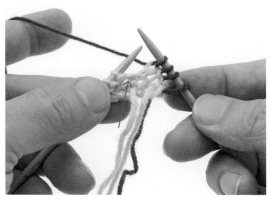

26 表編みが4目編めたところ。

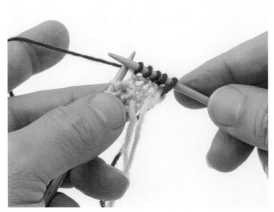

27 **26** の矢印部分にねじり増し目をす
る。続けて表編みを1目編む。

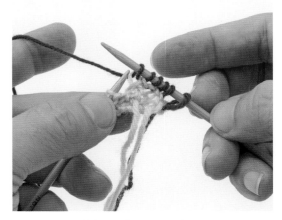

28 表編みが6目編めたところ。

増し目したところ

↓　↓　↓　↓

29 編み図を見ながら、表編みとねじり増し目を繰り返し、11目にする。1段目が編めたところ。

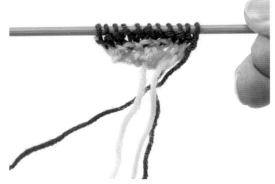

30 編み地の向きを変える。2段目はB糸で表編みで編む。

<三角ショール：3段目／A糸> ────────────────→

31 3段目はA糸で編む。表編み2目、ねじり増し目1目を編む。

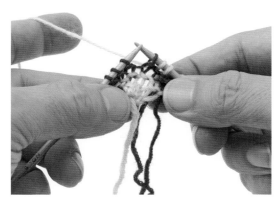

32 次の目はすべり目なので、そのまま右針に移す。

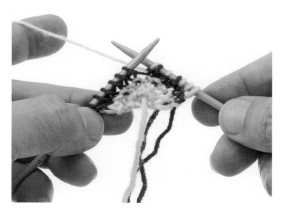

33
表編み、すべり目、ねじり増し目、
表編みを編む。

34
編み図を見ながら、表編み、すべり
目、ねじり増し目を編み、15目にす
る。

<三角ショール：4段目／A糸> ────┤

35
編み地の向きを変える。4段目はA
糸で編む。

<三角ショール：5-6段目／B糸> ────┤

36
編み図を見ながら、表編み、すべり
目、ねじり増し目を編み、19目にす
る。

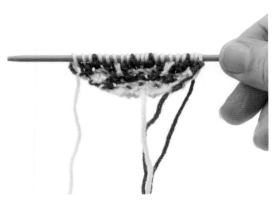

37 7段目はＡ糸で編み、23目にする。

38 編み地の向きを変える。だんだん模様が出来上がってくる。編み図を見ながら8段目も編む。

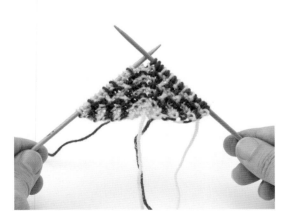

39 続けて編み図のとおりに編む。23段目くらいから三角の形がわかりやすくなる。
※目数が増え始めたらコードの長い輪針に変えましょう。

MOSAI
NITTING

Chapter

2

モザイク編み
作品とパターン

モザイク編みは2色の糸で模様を作るの
が特徴です。 模様をはっきり出したい
ときは濃い色の糸と薄い色の糸の組み
合わせがおすすめです。80パターンの中
からお好みを選んで編んでみましょう。

※掲載のパターンは、主にパーセント（リッチモア）の色番号になります。
＊印の色番号は恋する毛糸（柳屋）です。針のサイズは5号です。

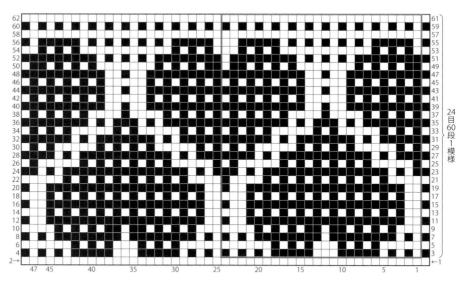

1

Color
● 114
○ 123

※往復編みの場合は両端に表編みを1目ずつ編み、輪編みの場合は赤枠内の模様を繰り返し編む。他も同様。

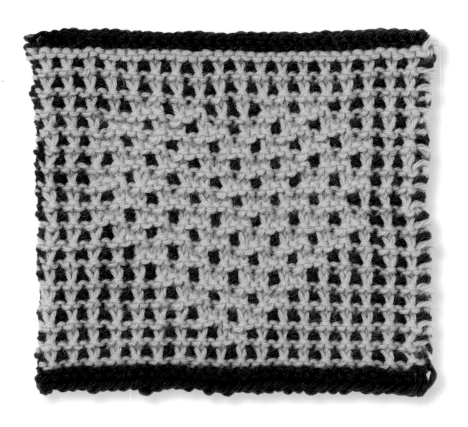

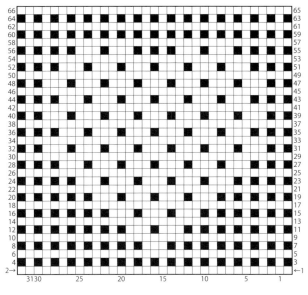

2

3

Color
● 114
○ 36

16目32段1模様

4

Color
● 53
○ 4

14目24段1模様

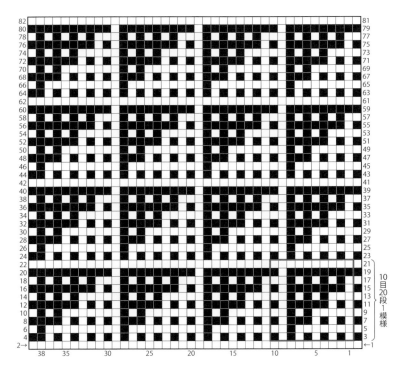

5

Color
● 77
○ 102

10目20段1模様

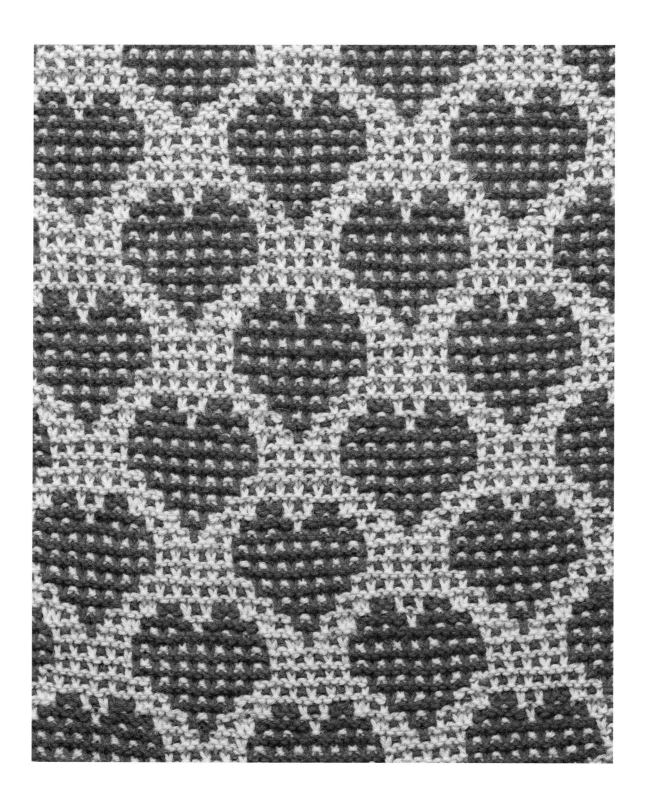

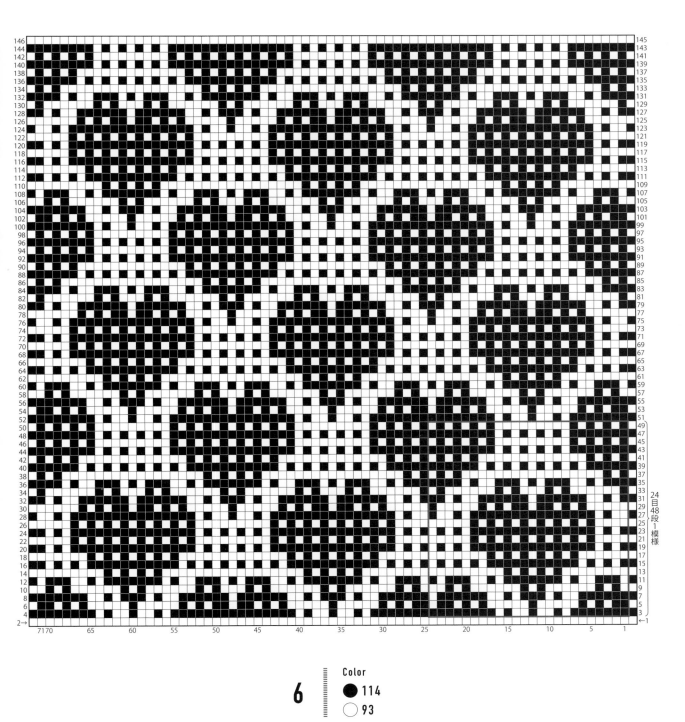

6

Color
● 114
○ 93

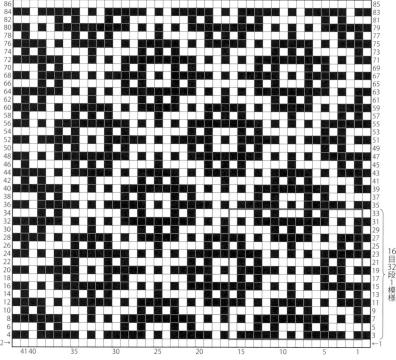

7

Color
● 31
○ 93

8

Color
● 112
○ 95

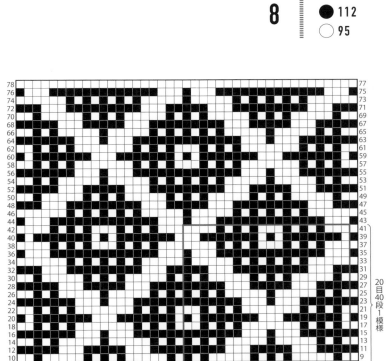

20目40段1模様

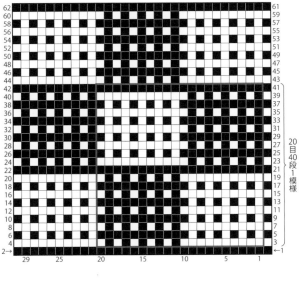

20目40段1模様

9

Color
● 73
○ 2

41

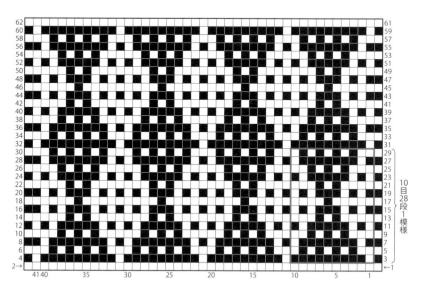

10　｜　Color
● 33
○ 117

A 段染め糸のマフラー

飽きのこない小さめのシンプルな模様。単色と段染め糸を組み合わせて編むと、模様がより引き立ち華やかに仕上がります。

How to make ≫ p.108

B クロス模様のマフラー

2種類の模様を組み合わせたマフラー。巻き方によって模様の出方が変わるので、リバーシブルのような使い勝手の良さです。

How to make ≫ p.109

11 | Color
● 53
○ 121

12目24段1模様

12 | Color
● 47
○ 22

8目40段1模様

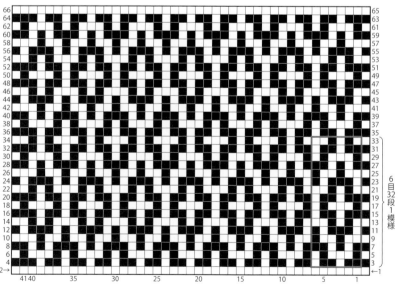

13

Color
● 125
○ 2

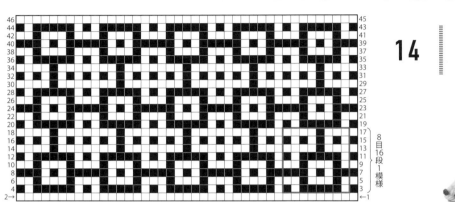

14

Color
● 9
○ 4

8目16段1模様

15

Color
● 31
○ 22

10目20段1模様

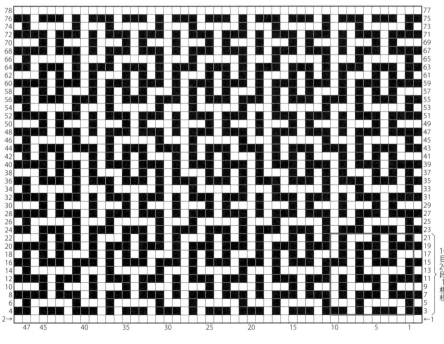

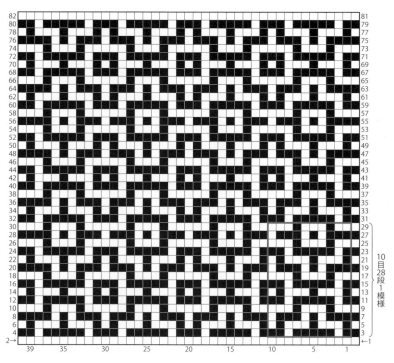

16

Color
● 59
○ 2

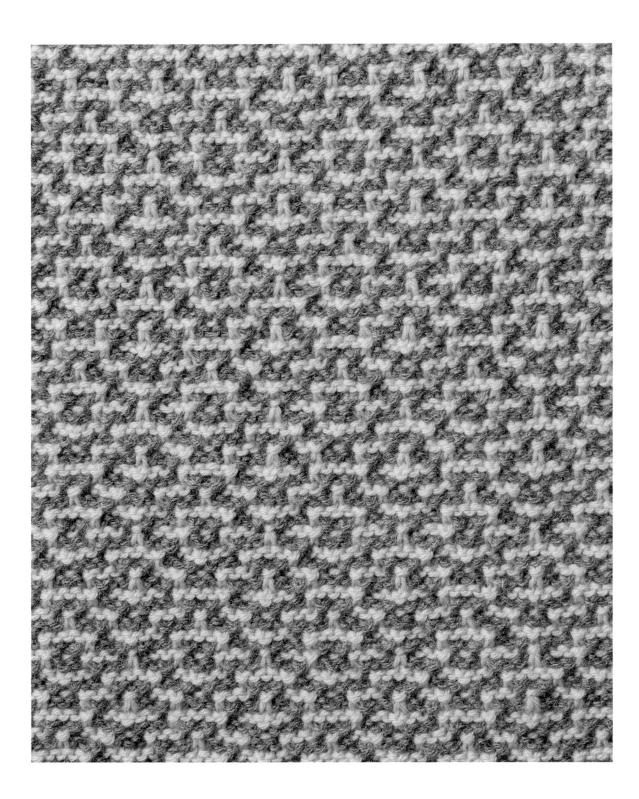

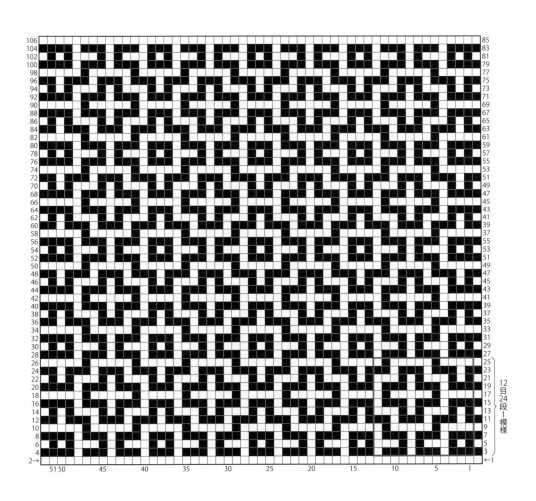

17

Color *
● 811
○ 806

18

Color
● 63
○ 2

12目24段1模様

19

Color
● 43
○ 39

8目16段1模様

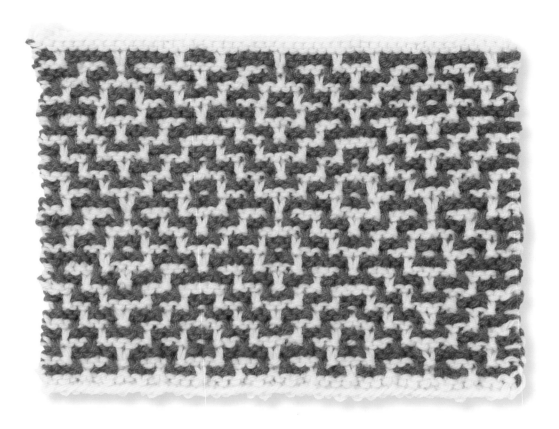

20

Color
● 85
○ 1

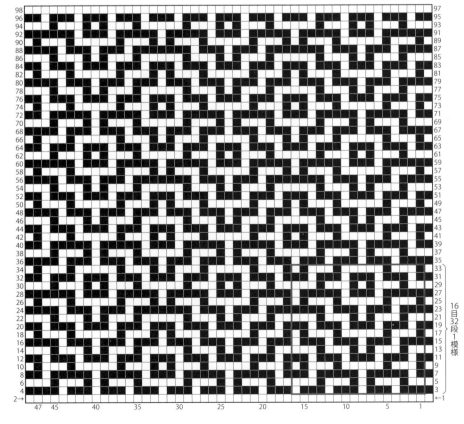

16目32段1模様

70 | | 69
68 | | 67
66 | | 65
64 | | 63
62 | | 61
60 | | 59
58 | | 57
56 | | 55
54 | | 53
52 | | 51
50 | | 49
48 | | 47
46 | | 45
44 | | 43
42 | | 41
40 | | 39
38 | | 37
36 | | 35
34 | | 33
32 | | 31
30 | | 29
28 | | 27
26 | | 25
24 | | 23
22 | | 21
20 | | 19
18 | | 17
16 | | 15
14 | | 13
12 | | 11
10 | | 9
8 | | 7
6 | | 5
4 | | 3
2→ | | ←1

33　　30　　25　　20　　15　　10　　5　　1

16目32段1模様

21

Color ● 28 ○ 2　　Color ● 72 ○ 39

54

C バッグ

クロス模様のマフラーと同じ模様を使用。黒と
白のシンプルな配色なので、カジュアルなファッ
ションから和装まで、幅広いシーンで使えます。

How to make » p.110

b

D ハンドウォーマー

手元を華やかに彩るハンドウォーマー。
小さめのアイテムには模様もコンパクトに
すると、エレガントに仕上がります。

How to make >> p.112

a

8目16段1模様

22

Color
● 63
○ 2

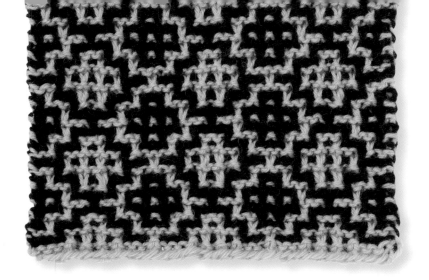

23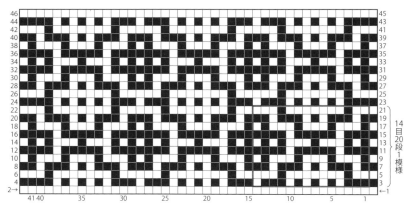

Color
● 90
○ 35

14目20段1模様

24

Color
● 90
○ 95

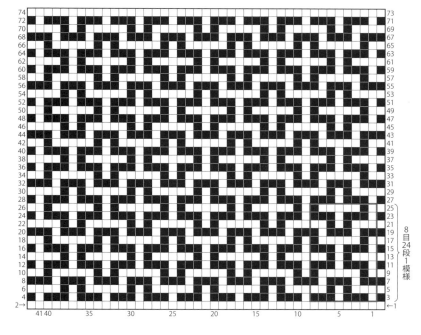

8目24段1模様

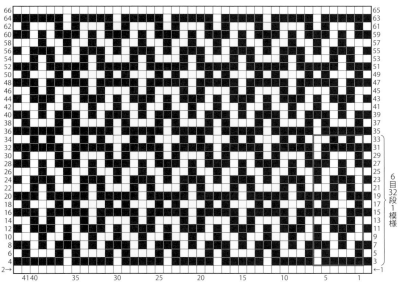

6目32段1模様

25

Color
● 63
○ 4

16目24段1模様

26

Color
● 52
○ 1

27

Color
● 73
○ 2

14目16段1模様

28

Color
● 63
○ 123

16目32段1模様

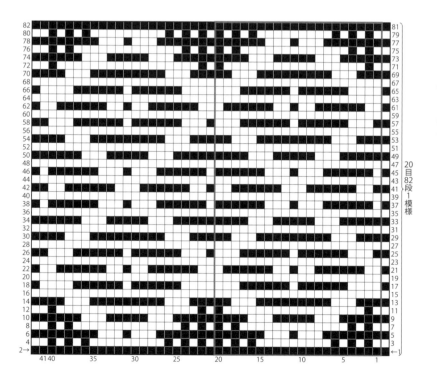

20目82段1模様

29

Color
● 112
○ 72

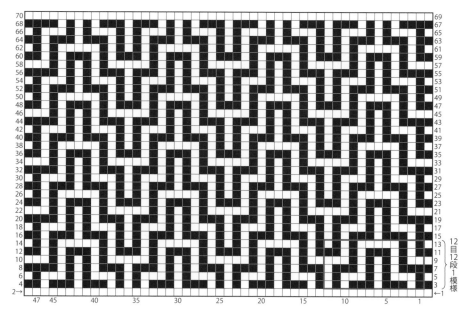

12目12段1模様

30

Color
● 112
○ 102

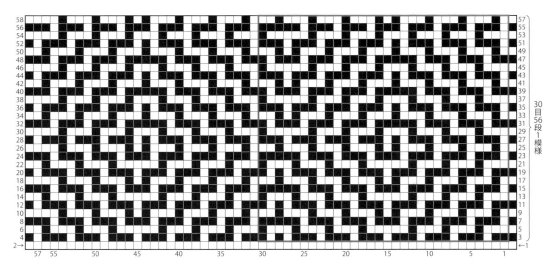

31

Color
● 118
○ 124

E ネックウォーマー

正方形がいくつにも重なったうずまき模様
がポイント。シックな色の組み合わせなの
で、どんなコーディネートにもなじみます。

How to make ≫ p.111

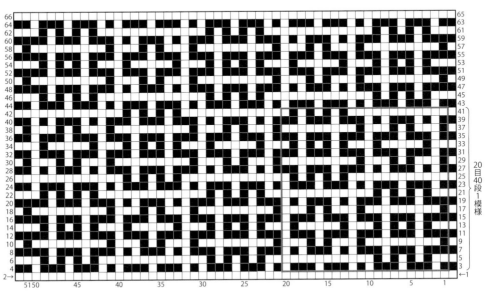

32

Color
● 108
○ 1

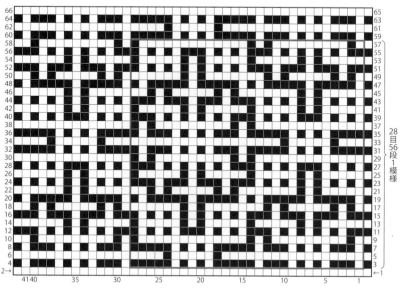

33

Color
● 88
○ 2

F 三角ショール
中央の作り目から毎段ねじり目で増や
しながら三角に仕上げます。個性的で
大きめの模様は、存在感抜群です。
How to make >> p.114

H

G

G、H　三角ショール

赤いハート模様が規則的に並んだインパクト大の
ショール。カジュアルなコーデにサッと羽織るだ
けで決まります。黄色とグレーの配色のショール
は、糸合わせしやすいお助けアイテムです。

How to make ≫ G p.116 / H p.118

34

16目56段1模様

16目32段1模様

35

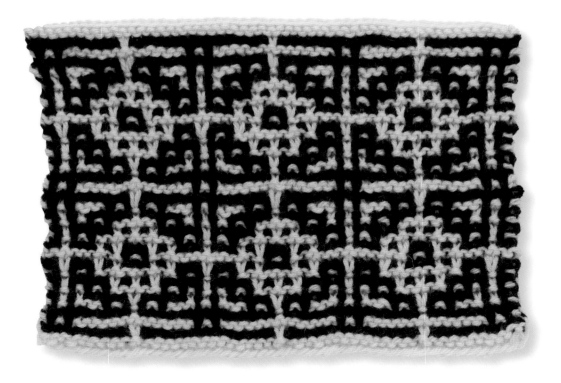

36

Color
● 90
○ 4

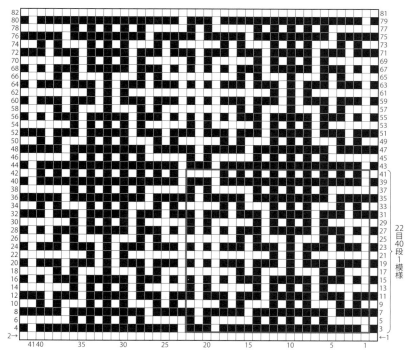

22目40段1模様

37

Color
● 108
○ 4

┃ ニット帽

作り目8目の小さな飾り部分から、目を増や
しながら編みます。トップと側面の模様が異
なるので、どこから見られてもおしゃれです。

How to make ≫ p.120

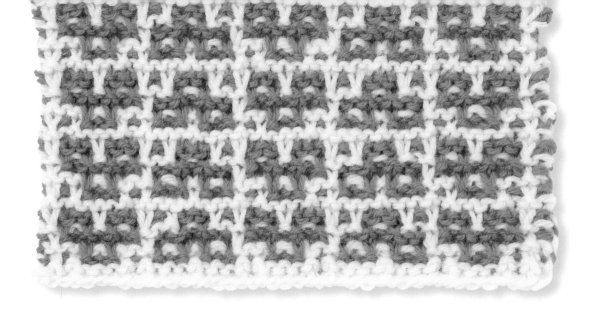

38

Color
● 107
○ 1

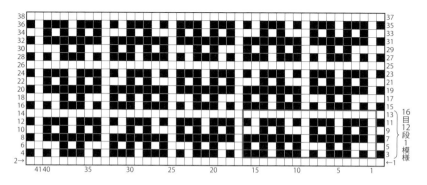

16目12段1模様

39

Color
● 117
○ 121

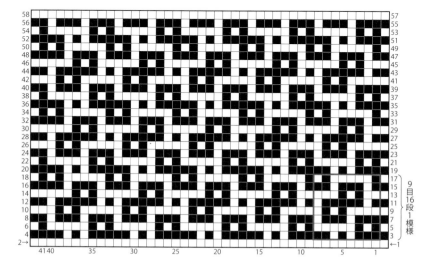

9目16段1模様

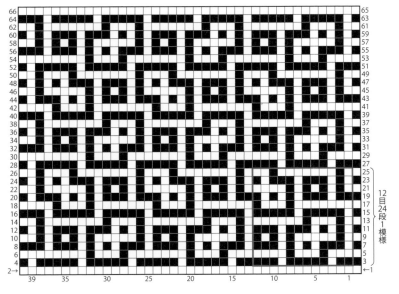

12目24段1模様

40

Color
● 28
○ 102

Color *
● 808
○ 802

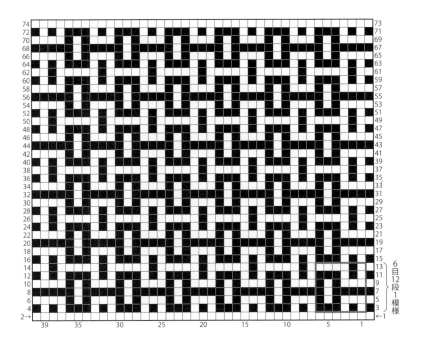

6目12段1模様

39 35 30 25 20 15 10 5 1

41

Color
● 119
○ 102

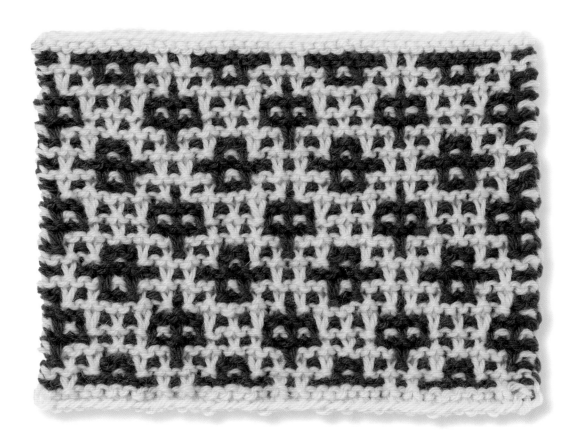

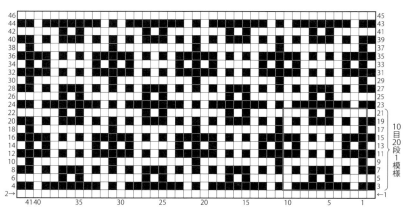

42

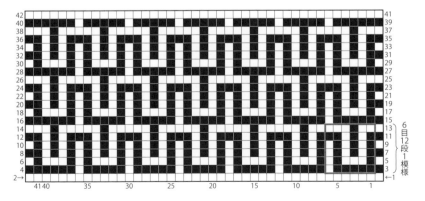

43 ‖

Color
● 64
○ 121

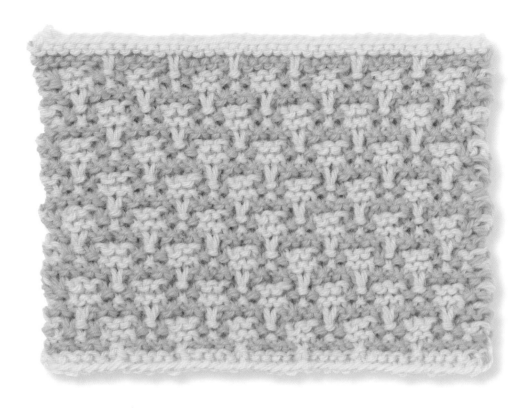

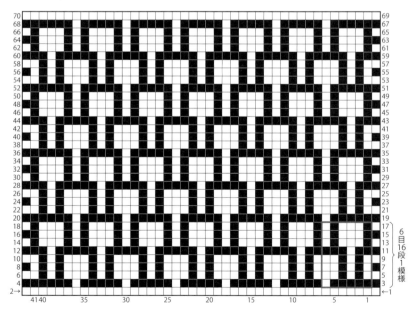

44

Color
● 109
○ 4

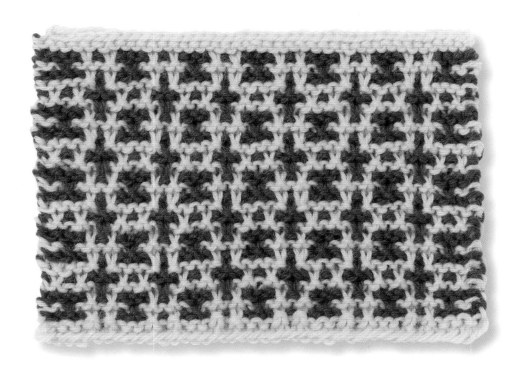

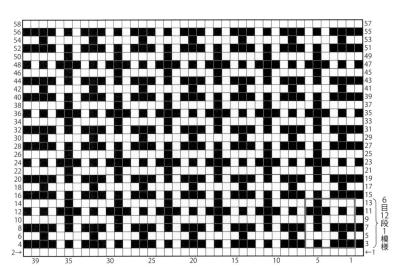

58 57
56 55
54 53
52 51
50 49
48 47
46 45
44 43
42 41
40 39
38 37
36 35
34 33
32 31
30 29
28 27
26 25
24 23
22 21
20 19
18 17
16 15
14 13
12 11
10 9
8 7
6 5
4 3
2→ ←1

39 35 30 25 20 15 10 5 1

6目12段1模様

45

Color
● 9
○ 123

64 63
62 61
60 59
58 57
56 55
54 53
52 51
50 49
48 47
46 45
44 43
42 41
40 39
38 37
36 35
34 33
32 31
30 29
28 27
26 25
24 23
22 21
20 19
18 17
16 15
14 13
12 11
10 9
8 7
6 5
4 3
2→ ←1
39 35 30 25 20 15 10 5 1

30目60段1模様

46

Color
● 114
○ 1

47

Color
● 69
○ 107

6目16段1模様

48

Color
● 112
○ 72

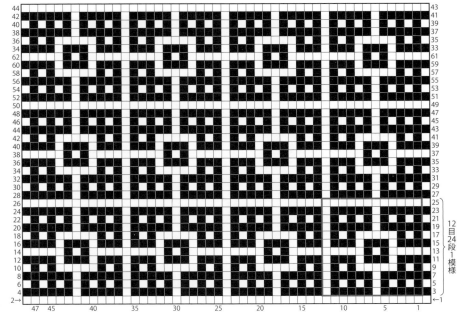

12目24段1模様

J ブランケット

5種類の模様を組み合わせた大きなサイズのブランケット。模様を増やしたり変えたりして、オリジナルにアレンジも可能です。

How to make ≫ p.122

下の模様から no.1、8、5、29、4

49

Color
● 9
○ 108

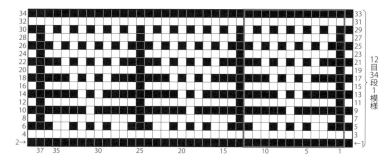

12目34段1模様

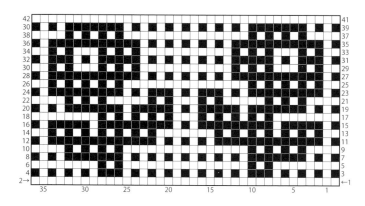

50

Color
● 32
○ 72

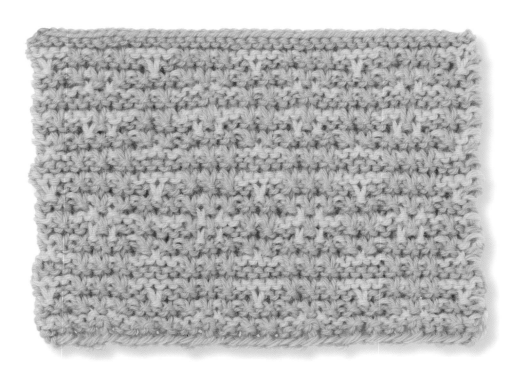

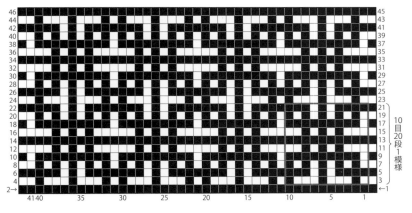

51

Color
● 35
○ 4

K クッション

規則的な模様の繰り返しではなく、編み込みの
ような花柄に仕上げる上級者向け作品。インテ
リアのアクセントになります。

How to make ≫ **p.121**

L タペストリー

ウサギのシルエットを表現したタペストリー。
壁に飾るのはもちろん、２枚編んでとじ合わせ
ればバッグにもなります。

How to make ≫ p.124

52 $\qquad$ Color *
● 804
○ 801

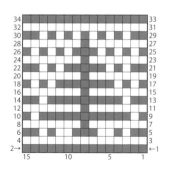

53

Color
● 13
○ 1

Color
● 73
○ 1

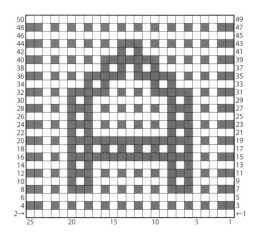

54

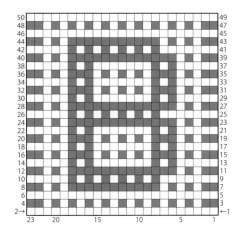

55

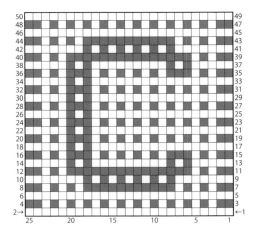

56

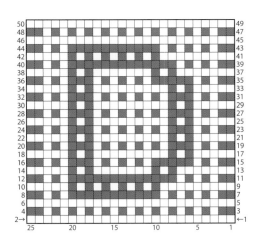

57

※アルファベットはお好みの色を選んでください。

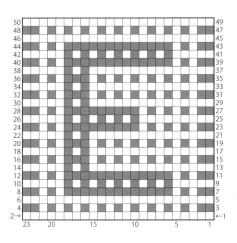

58

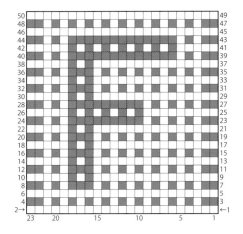

59

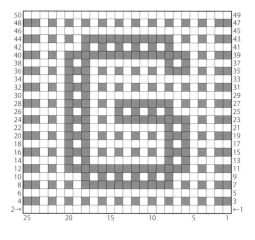

60

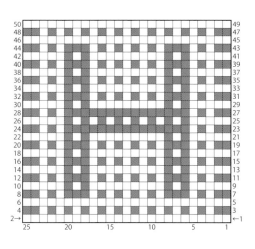

61

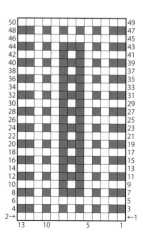

62

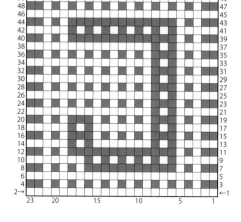

63

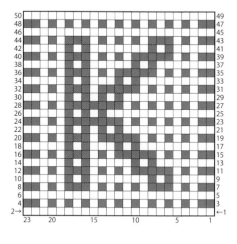

64

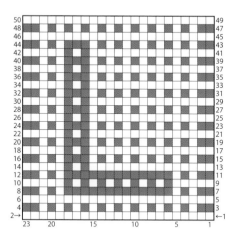

65

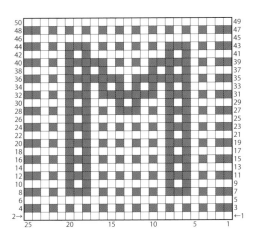

66

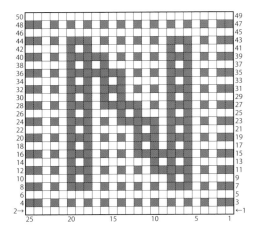

67

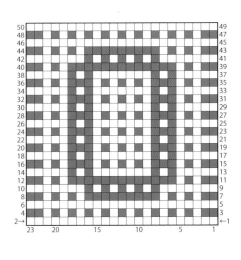

68

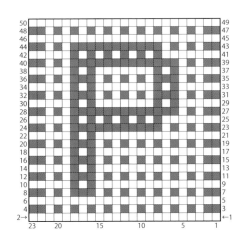

69

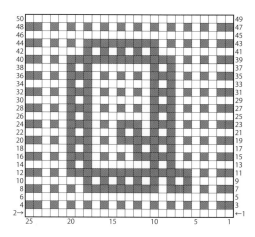

70

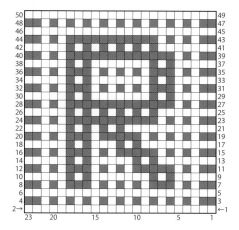

71

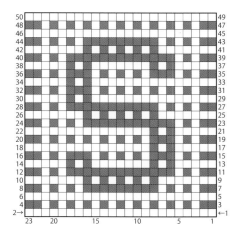

72

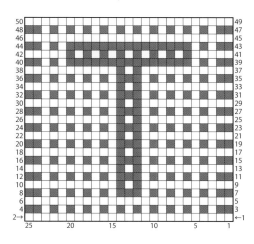

73

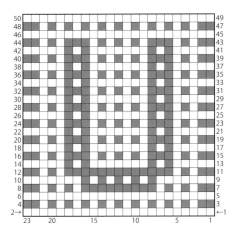

74

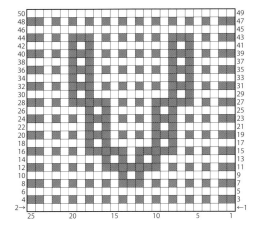

75

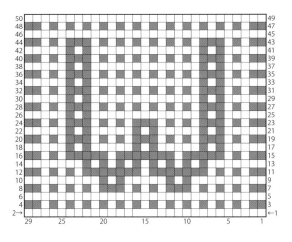

76

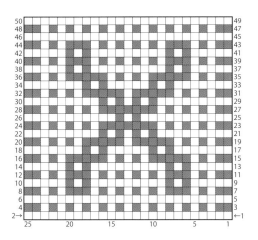

77

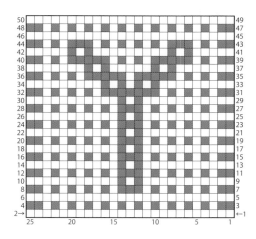

78

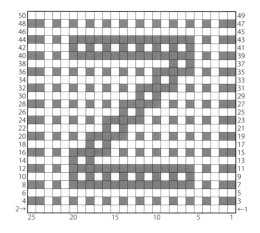

79

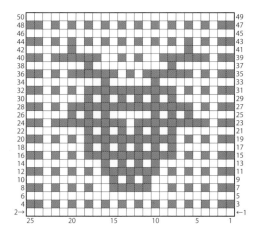

80

Color
● 103
○ 1
鼻 73

M アルファベットのガーランド

アルファベット模様をコードや紐につけて
吊るすだけ。名前や好きな言葉を並べて
誕生日やクリスマスをお祝いしましょう。

How to make >> p.125

Happy Knitting ☺

MOSAIC
KNITTING

Chapter

How to make

Chapter2 に登場したモザイク編みの
作品の作り方を紹介します。 編み図を
見ながら、 気になった作品から編んで
みましょう。

A 段染め糸のマフラー >> p.43

糸 A 柳屋 幸 Sachi 銀鼠（3）100g
B Schoppel Edition 3 Tante Emma
（2361）100g

針 棒針 4 号、3 号（i コード）

ゲージ 模様編み 27 目 62 段

仕上りサイズ 図参照

作り方

1 A 糸で作り目 63 目を編み、ガーター編みで 4 段編む。B 糸と交互にモザイク編みで 756 段編み、ガーター編みを 4 段編む。

2 編み終わりは、伏せ止めする。

3 脇から目を拾い、3 目の i コードを編む。

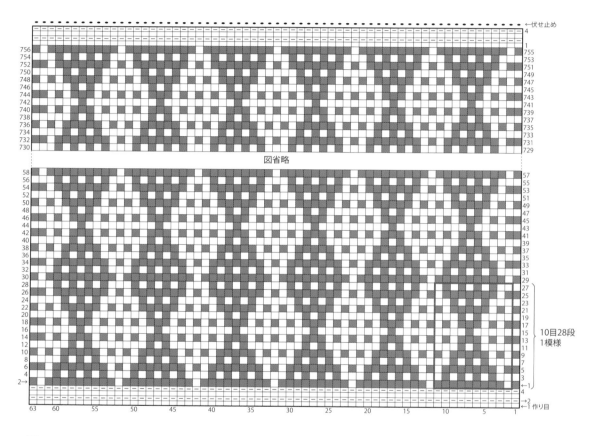

図省略

10目28段
1模様

←伏せ止め

←作り目

□ = A 糸
■ = B 糸

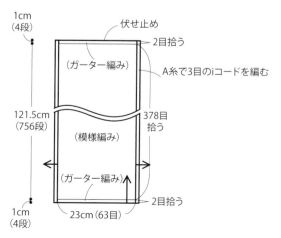

1cm
（4段）

伏せ止め

2目拾う

（ガーター編み）

A糸で3目のiコードを編む

121.5cm
（756段）

378目
拾う

（模様編み）

（ガーター編み）

2目拾う

1cm
（4段）

23cm（63目）

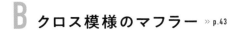

B クロス模様のマフラー ≫ p.43

糸	リッチモア パーセント　A 薄茶（84）80g
	B オフホワイト（1）80g
針	棒針 4 号
ゲージ	模様編み 26 目 72 段
仕上りサイズ	図参照

作り方
1　A 糸で作り目 55 目を編み、ガーター編みで 2 段編む。B 糸と
交互にモザイク編みで 962 段編み、ガーター編みで 2 段編む。
2　編み終わりは、伏せ止めする。

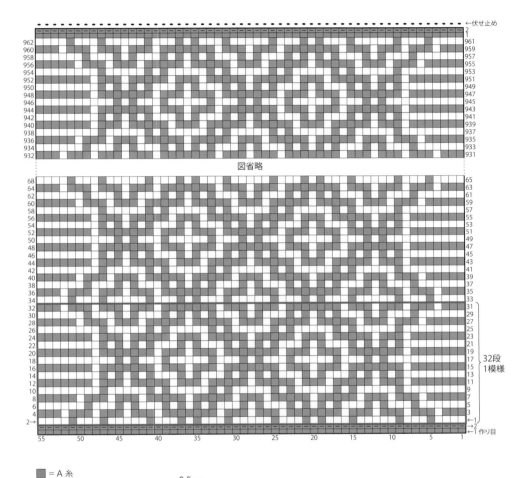

←伏せ止め

962 960 958 956 954 952 950 948 946 944 942 940 938 936 934 932
961 959 957 955 953 951 949 947 945 943 941 939 937 935 933 931

図省略

68 64 62 60 58 56 54 52 50 48 46 44 42 40 38 36 34
65 63 61 59 57 55 53 51 49 47 45 43 41 39 37 35 33

32 30 28 26 24 22 20 18 16 14 12 10 8 6 4
31 29 27 25 23 21 19 17 15 13 11 9 7 5 3

2→　←1
←2
←1 作り目

32段
1模様

55　50　45　40　35　30　25　20　15　10　5　1

■ = A 糸
□ = B 糸

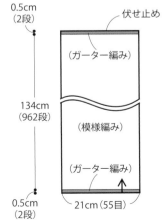

0.5cm
（2段）

伏せ止め

（ガーター編み）

134cm
（962段）

（模様編み）

（ガーター編み）

0.5cm
（2段）

21cm（55目）

C バッグ ≫ p.55

		作り方	
糸	Schoppel Relikt A Black（880）50g B Natural（9200m）50g	1	A糸で作り目96目を編み、輪にしてB糸と交互にモザイク編みで130段編む。
針	輪針5号、かぎ針5/0号、とじ針、縫い針	2	かぎ針で目を拾い、細編みを2段編む。
その他	持ち手（黒）25cm、縫い糸（黒）	3	本体を中表にして、編み始め（底）を合わせて引き抜きはぎする。
ゲージ	模様編み21目45段	4	市販の持ち手を内側に縫い付ける。お好みで内布をつける。
仕上りサイズ	図参照		

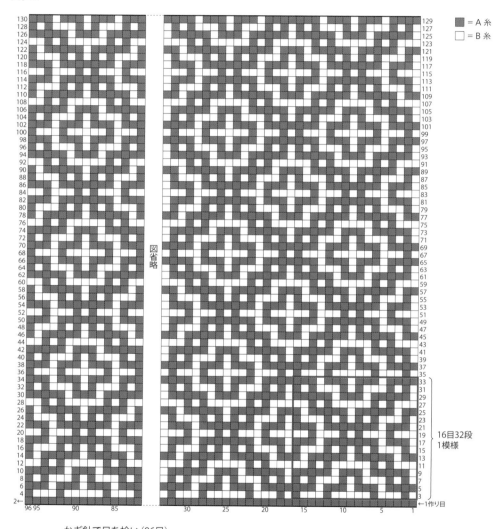

図省略

= A糸
= B糸

16目32段
1模様

←1作り目

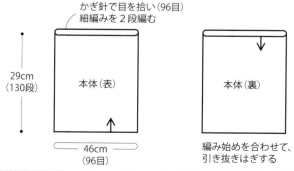

かぎ針で目を拾い（96目）
細編みを2段編む

29cm
（130段）

本体（表）

本体（裏）

46cm
（96目）

編み始めを合わせて、
引き抜きはぎする

縁編み（A糸）

×××××○•×××××←2
×××××○•×××××←1

E ネックウォーマー ≫ p.65

糸	柳屋　幸 Sachi A 墨（10）50g
	B 銀鼠（3）50g
針	輪針 4 号、とじ針
ゲージ	模様編み 29 目 63.5 段
仕上りサイズ	図参照

作り方
1　A 糸で作り目 180 目を編み、輪にして 1 目ゴム編みを 6 段編む。
　　B 糸と交互にモザイク編みで 140 段編む。B 糸で 1 目ゴム編みで
　　6 段編む。
2　編み終わりは、1 目ゴム編み止めする。

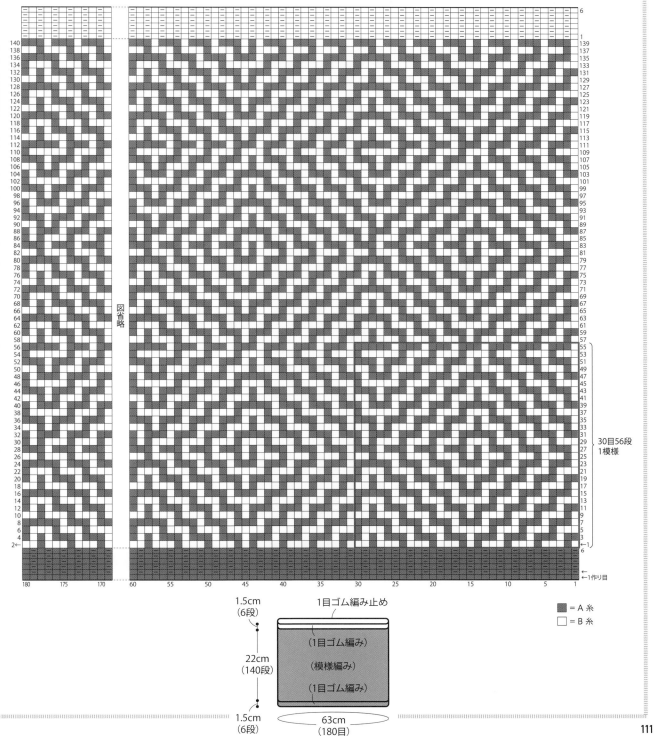

図省略

30目56段
1模様

□ = A 糸
□ = B 糸

1.5cm
（6段）

1目ゴム編み止め

（1目ゴム編み）

（模様編み）

（1目ゴム編み）

22cm
（140段）

1.5cm
（6段）

63cm
（180目）

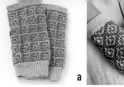

D ハンドウォーマー a、b ≫ p.56

糸	柳屋　幸 Sachi a: A 銀鼠（3）26g
	B 珊瑚（6）20g
	b: A 生成（1）25g、B 藍（9）20g
針	輪針 3 号、短 5 本針 3 号、とじ針
ゲージ	模様編み a36.5 目 70 段、b 36.5 目 73 段
仕上りサイズ	図参照

作り方

1　A 糸で作り目 64 目を編み、輪にして 1 目ゴム編みを 6 段編む。B 糸と交互にモザイク編みで a98 段、b102 段編む。A 糸で 1 目ゴム編みで 6 段編む。

2　編み終わりは、伏せ止めする。

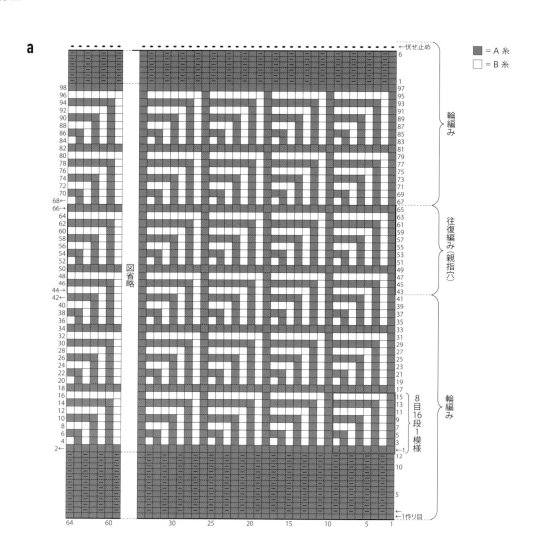

■ = A 糸
□ = B 糸

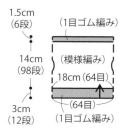

1.5cm（6段）
（1目ゴム編み）
14cm（98段）
（模様編み）
18cm（64目）
（64目）
（1目ゴム編み）
3cm（12段）

親指穴は往復編みで編む
32段(輪編み)
24段(往復編み)
42段(輪編み)

b

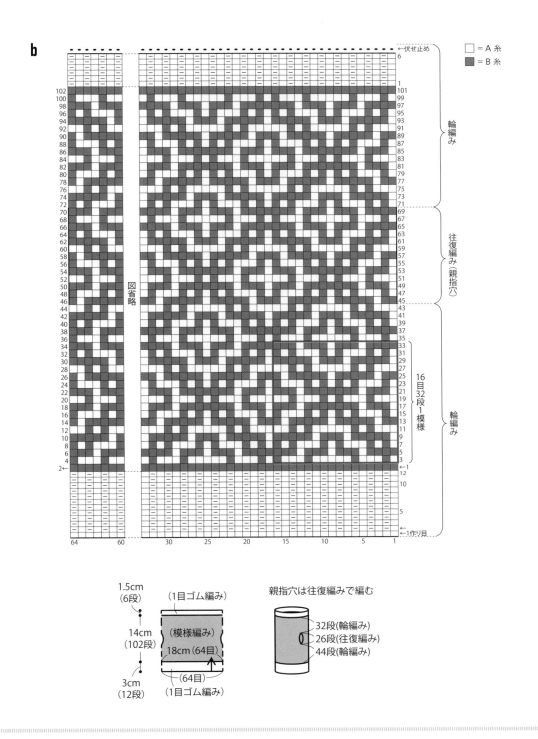

□ = A糸
■ = B糸

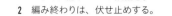

F 三角ショール »p68

糸	ハマナカ アメリー A ネイビー（53）120g B ホワイト（51）120g
針	輪針6号、短5本針6号、とじ針
ゲージ	模様編み 19目37.5段
仕上りサイズ	図参照

作り方

1 A糸で作り目7目（6目＋1目）を短棒針で編み（P.23参照）、B糸と交互に増やし目をしながら目数が多くなったら輪針に替え、モザイク編みで170段編む。

2 編み終わりは、伏せ止めする。

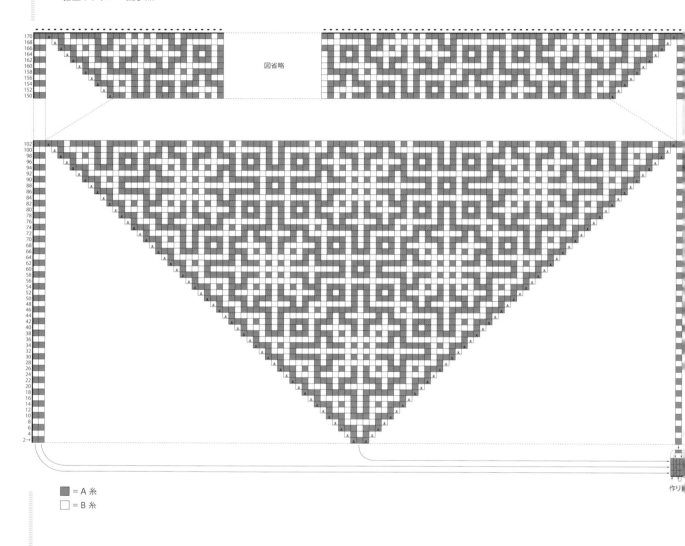

図省略

作り

■ ＝ A 糸
□ ＝ B 糸

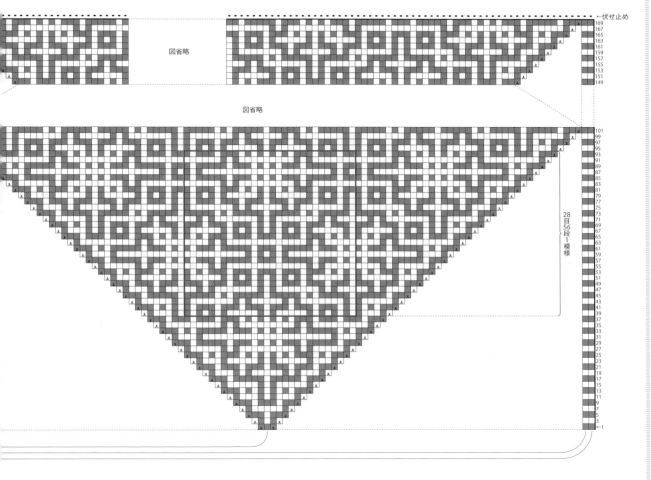

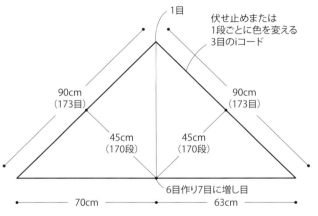

G 三角ショール ≫ p.70

糸	柳屋 恋する毛糸並太 A バーガンディー（808）170g
	B ベージュ（814）150g
針	輪針6号、短5本針6号、とじ針
ゲージ	模様編み 24目48段
仕上りサイズ	図参照

作り方 1 A糸で作り目4目を短棒針で編み、B糸と交互に増やし目をしながら目数が多くなったら輪針に替え、モザイク編みで320段編む。

2 編み終わりは、伏せ止めする。

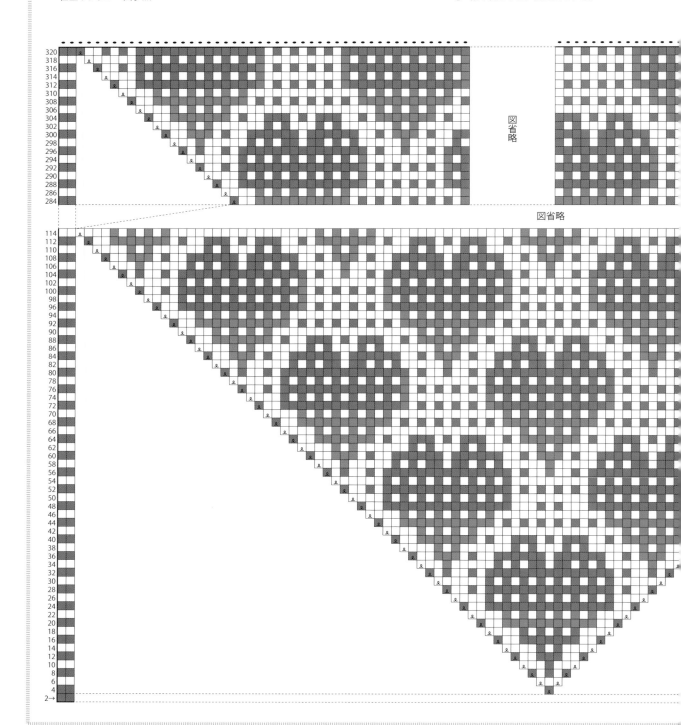

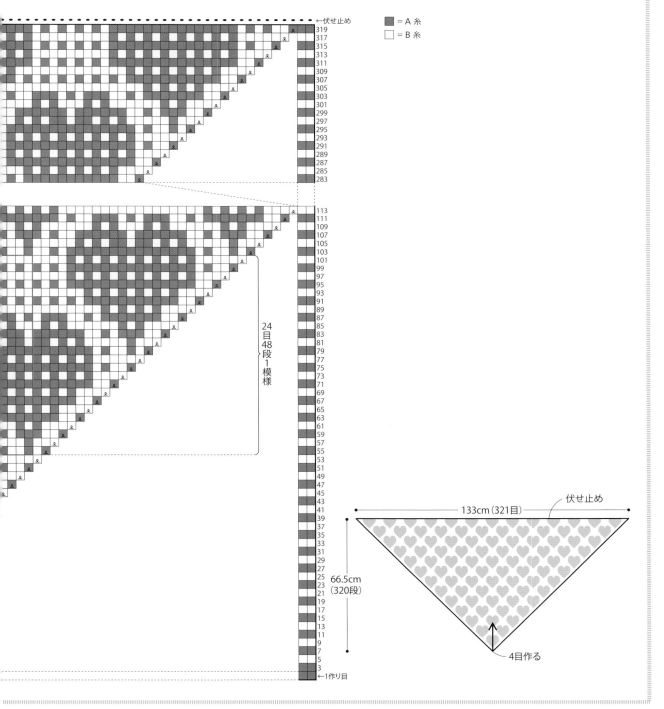

←伏せ止め

■ = A 糸
□ = B 糸

319
317
315
313
311
309
307
305
303
301
299
297
295
293
291
289
287
285
283

113
111
109
107
105
103
101
99
97
95
93
91
89
87
85
83
81
79
77
75
73
71
69
67
65
63
61
59
57
55
53
51
49
47
45
43
41
39
37
35
33
31
29
27
25
23
21
19
17
15
13
11
9
7
5
3

24目
48段
1模様

←1作り目

133cm（321目）　伏せ止め

66.5cm
（320段）

4目作る

H 三角ショール 》p.70

糸	柳屋 恋する毛糸並太 A チャコール (811) 200g
	B オリーブイエロー (806) 200g
針	輪針6号、短5本針6号、とじ針
ゲージ	模様編み 22目 44段
仕上りサイズ	図参照

作り方　1　A糸で作り目7目（6目＋1目）を短棒針で編み（P.23参照）、B糸と交互に増やし目をしながら目数が多くなったら輪針に替え、モザイク編みで224段編む。
　　　　2　編み終わりは、伏せ止めする。

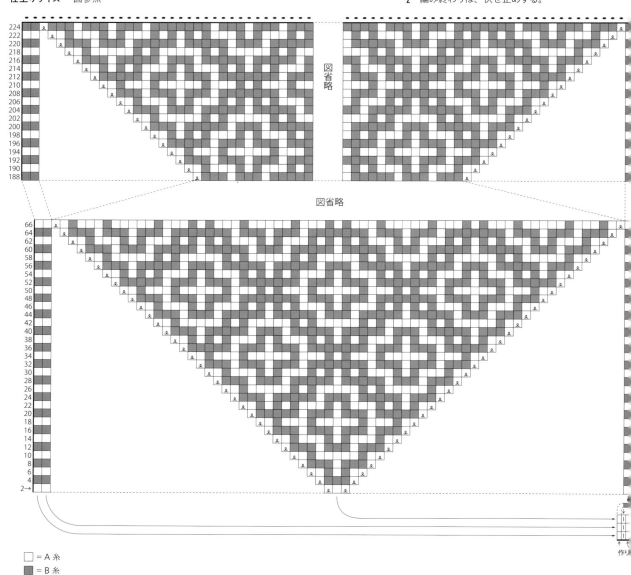

図省略

□ = A糸
■ = B糸

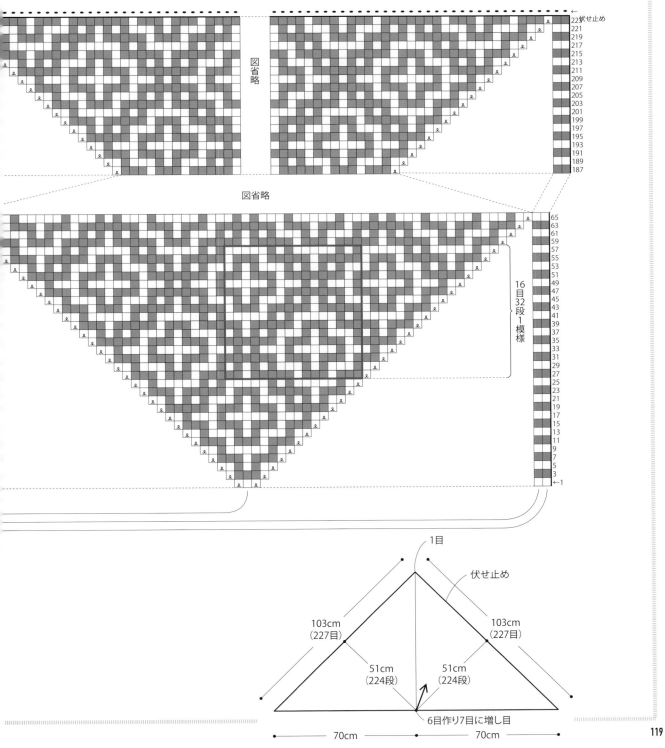

図省略

図省略

22伏せ止め
221
219
217
215
213
211
209
207
205
203
201
199
197
195
193
191
189
187

16目
32段
1模様

65
63
61
59
57
55
53
51
49
47
45
43
41
39
37
35
33
31
29
27
25
23
21
19
17
15
13
11
9
7
5
3
←1

1目

伏せ止め

103cm
（227目）

103cm
（227目）

51cm
（224段）

51cm
（224段）

6目作り7目に増し目

70cm

70cm

ニット帽 ≫ p.75

糸	柳屋 幸 Sachi A 生成（1）35g B 藍（9）30g
針	輪針 4 号、短 5 本針 4 号、とじ針
ゲージ	模様編み 31 目 70 段
仕上りサイズ	図参照

作り方
1　短 5 本針を使い、A 糸でトップの飾りを編む。作り目 8 目を作り、12 段編む。
2　本体を編む。A 糸と B 糸で増し目をしながらモザイク編みで 40 段編む。輪針に変え、増し目なしで 86 段編む。
3　1目ゴム編みで6段編み、1目ゴム編み止めする。

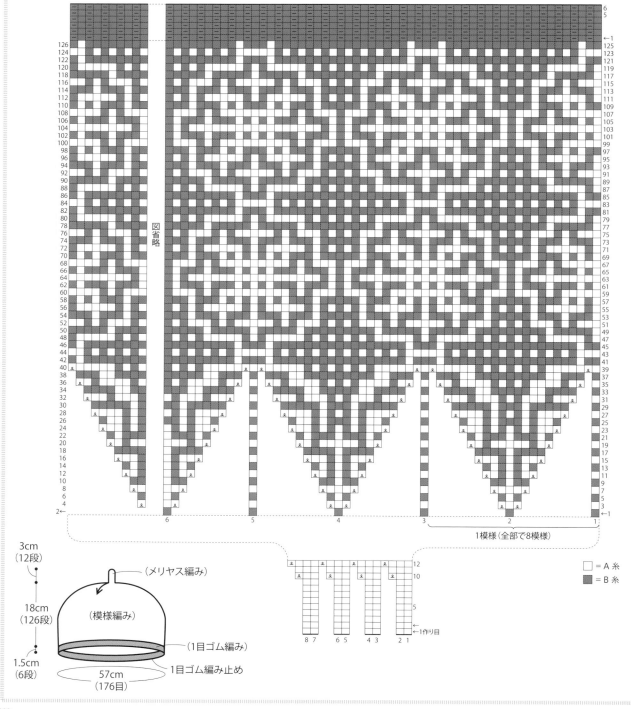

図省略

1模様（全部で8模様）

□ = A 糸
■ = B 糸

3cm
（12段）

（メリヤス編み）

18cm
（126段）

（模様編み）

1.5cm
（6段）

（1目ゴム編み）

1目ゴム編み止め

57cm
（176目）

K クッション ≫ p.90

糸	柳屋 恋する毛糸 極太
	a: A ターコイズ（6）120g、B マスタード（7）160g
	b: A マスタード（7）120g、B ターコイズ（6）160g
針	輪針8号、短5本針8号、かぎ針8/0号、とじ針
その他	ヌードクッション（45cm角）
ゲージ	模様編み 18目32段
仕上りサイズ	図参照

作り方
1　A糸で輪の作り目を短棒針で8目編む。
2　B糸と交互に増やし目をしながら編み図の模様を4回繰り返す。
3　目数が多くなったら輪針に替え、正方形に編み、伏せ止めする。同様に裏面を編む。
4　本体を外表に合わせて、かぎ針で引き抜きはぎする。3辺をつないだらクッションをつめ、残りの1辺をはぐ。

43cm

□ ＝A糸　■ ＝B糸

図省略

J ブランケット » p.86

糸	ハマナカ わんぱくデニス A 薄ピンク（5）400g B チャコールグレー（16）400g
針	輪針6号、とじ針
ゲージ	模様編み 22目 44.5段
仕上りサイズ	図参照

作り方

1 A糸で作り目242目を編み、1目ゴム編みを8段編む。B糸と交互
にモザイク編みで414段編む。A糸で1目ゴム編みで6段編む。

2 編み終わりは、伏せ止めする。

3 脇から目を拾い、表編みで2段編み、伏せ止めする。

□ = A 糸

■ = B 糸

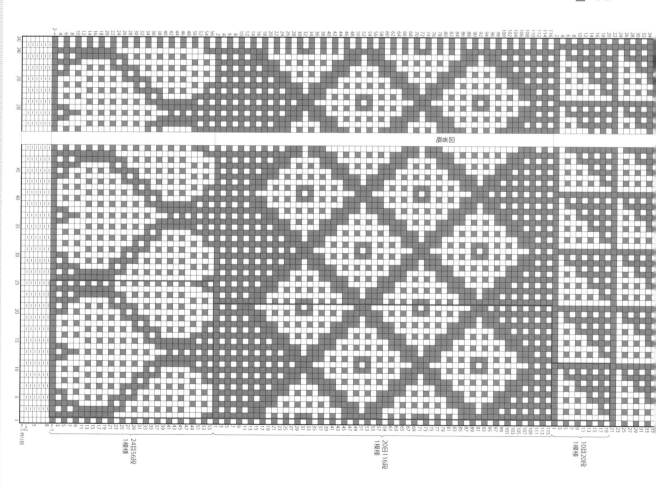

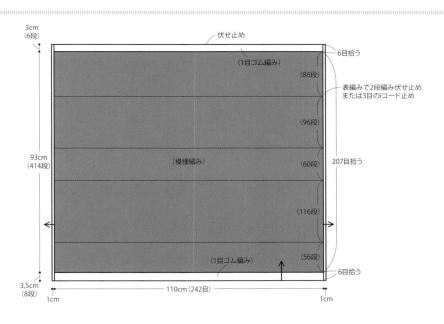

3cm
(6段)

伏せ止め

6目拾う

（1目ゴム編み）

（86段）

表編みで2段編み伏せ止め
または3目のiコード止め

（96段）

93cm
(414段)

（模様編み）

207目拾う

（60段）

（116段）

（1目ゴム編み）

（56段）

3.5cm
(8段)

6目拾う

110cm (242目)

1cm

1cm

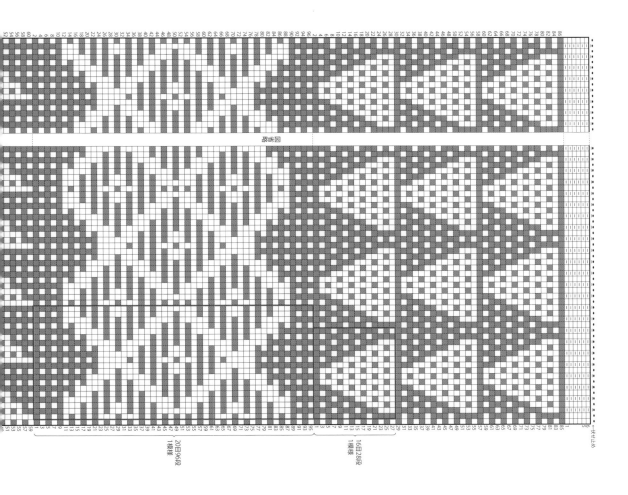

冠峠図

20目96段
1模様

16目28段
1模様

L タペストリー ≫ p.92

糸	柳屋 恋する毛糸並太 A レッド（804）60g、B ホワイト（801）40g
針	棒針 5 号、とじ針
その他	ハレパネ 36cm × 26cm ※作品のサイズに合わせてカット
ゲージ	模様編み 23 目 44 段
仕上りサイズ	図参照

作り方

1　A糸で作り目57目を編み、B糸と交互にモザイク編みで154段編む。編み終わりは、伏せ止めする。

2　B糸で直径 3.5cm のポンポンを作り、指定の位置に縫い付ける。

3　ハレパネなどのパネルを作品サイズに合わせてカットし、タペストリーを貼り付ける。

※のり付きのパネルではない場合は、手芸用ボンドなどで貼り付けましょう。またお好みでパネルの背面に紐などを付ければ、壁に掛けることもできます。

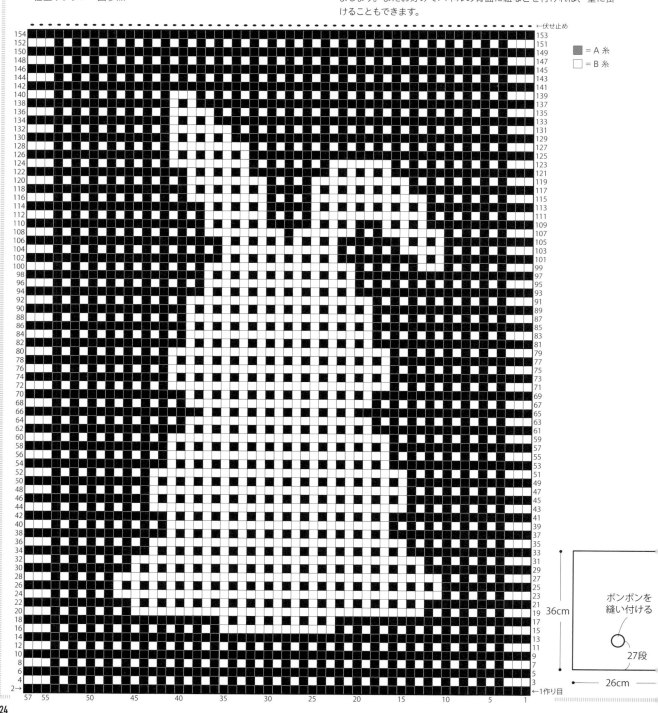

■ = A 糸
□ = B 糸

←伏せ止め

ポンポンを縫い付ける

27段

36cm

26cm

←1作り目

M アルファベットのガーランド ≫ p.104

糸	ハマナカ　リッチモア　パーセント
	MERRY：A オフホワイト（2）4g、B レッド（73）3g
	CHRISTMAS：A レッド（73）4g、B オフホワイト（2）3g
針	棒針 5 号、とじ針
その他	紐（ロープやコードなどお好みで）、小さめのクリップ
	※紐の長さやクリップの数はアルファベットの枚数によって調整してください。
ゲージ	模様編み
仕上りサイズ	約 10cm 角（I のみ 5 × 10cm）

作り方
1　下図を参考に、アルファベットを編む。
2　紐などにアルファベットを並べ、クリップなどで留める。

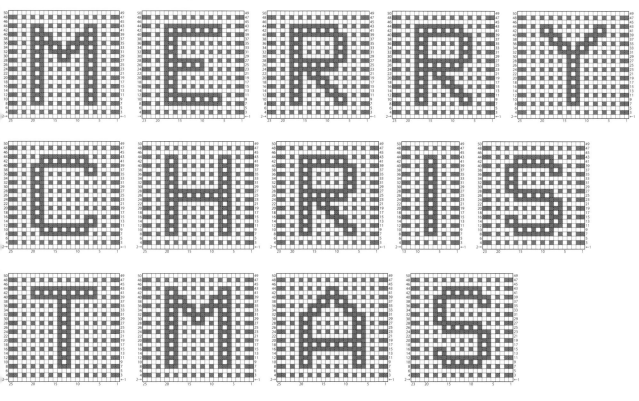

※大きな編み図は P.95 〜 101 にあります。

オリジナルパターンを
作ってみよう

モザイク編みの模様は、自分で作ることもできます。

本書の模様を参考に、方眼図に書き込み、オリジナルを作ってみましょう。

方眼を A 糸と B 糸の色で塗ると、より編みやすくなります。

フリー

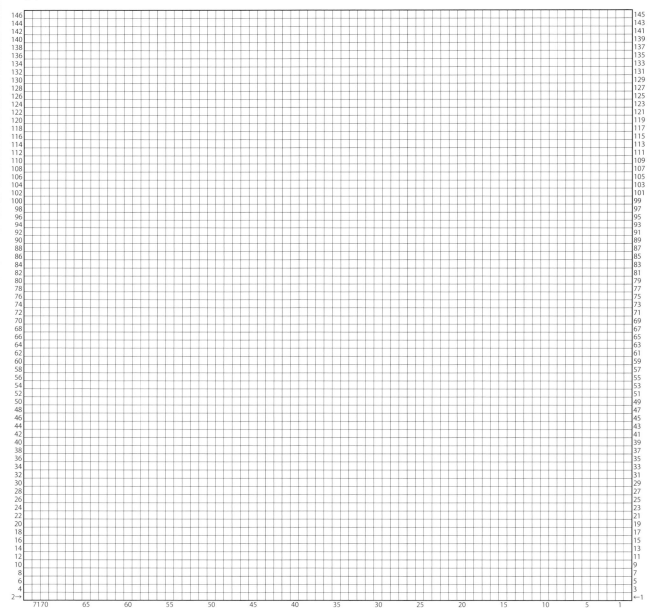

10目28段1模様

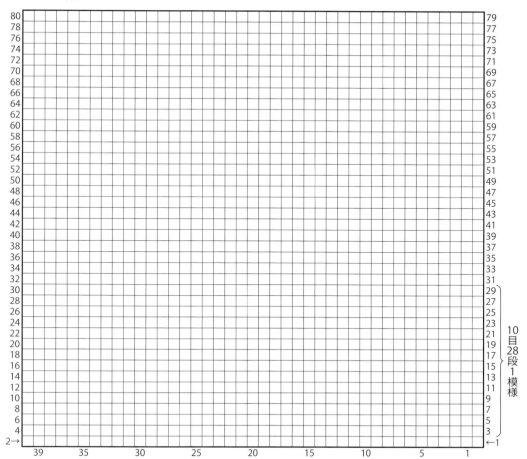

8目16段1模様

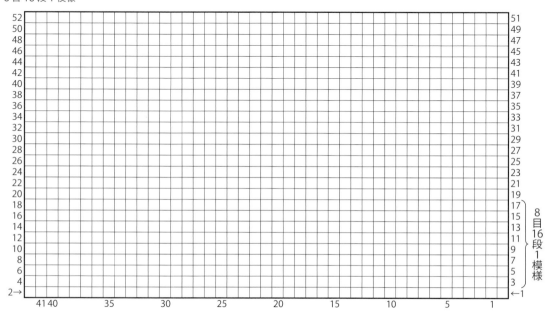

Bernd Kestler
ベルンド・ケストラー

ドイツ出身のニットデザイナー。12歳から独学で編み物を始める。1998年の来日以来、全国各地の編み物教室の講師をつとめたり、東日本震災 時には被災地で寒い思いをする方々に向けた"Knit for Japan"のプロジェクトを立ち上げるなど、編み物を通した社会活動に取り組んでいる。バイク好きで、編み物道具とともに出かけるのが日課。著書は『ベルンド・ケストラーのスパイラルソックス』(世界文化社)、『ベルンド・ケストラーのいちばんわかりやすいブリオッシュ編み』(日本文芸社)他多数 。

http://berndkestler.com

編集	武智美恵		
デザイン	飯淵典子		
撮影	島根道昌　天野憲仁		
トレース・校正	ミドリノクマ		

Thank you for your help.

作品製作　石口雅代　植原のり子　後藤敬子　後藤小志津
　　　　　斎藤明子　鈴木美紀　塚田有紀子　成田美世子
　　　　　前田典子　松山 功　柳 みゆき

素材提供　ハマナカ株式会社 http://www.hamanaka.co.jp　TEL 075-463-5151(代)
　　　　　株式会社柳屋 http://www.rakuten.ne.jp/gold/yanagiya　TEL 058-201-4444

初めてでも編みやすい

ベルンド・ケストラーの
モザイク編み

2023年11月1日　第1刷発行

著　者	ベルンド・ケストラー
発行者	吉田芳史
印刷所	株式会社 光邦
製本所	株式会社 光邦
発行所	株式会社 日本文芸社
	〒100-0003 東京都千代田一ツ橋1-1-1 パレスサイドビル8F
	TEL 03-5224-6460(代表)
	URL https://www.nihonbungeisha.co.jp/

（編集担当 牧野）

Printed in Japan 112231020-112231020 ⑩ 01(201111)
ISBN978-4-537-22151-0
© BERND KESTLER 2023

内容に関するお問い合わせは、小社ウェブサイトお問い合わせフォームまでお願いいたします。
ウェブサイト https://www.nihonbungeisha.co.jp/